**CURSO DE PÓS-GRADUAÇÃO *LATO SENSU* EM
DIREITO CIVIL E PROCESSO CIVIL
ESCOLA JUDICIAL DO
TRIBUNAL DE JUSTIÇA DE PERNAMBUCO**

A ESTABILIZAÇÃO DA TUTELA DE URGÊNCIA REQUERIDA EM CARÁTER ANTECEDENTE E A COISA JULGADA NO DIREITO PROCESSUAL CIVIL BRASILEIRO

JOÃO PAULO DOS SANTOS LIMA

**Prof. Dr. Sérgio Torres Teixeira
(Orientador)**

**Recife
2019**

JOÃO PAULO DOS SANTOS LIMA

**A ESTABILIZAÇÃO DA TUTELA DE URGÊNCIA REQUERIDA
EM CARÁTER ANTECEDENTE E A
COISA JULGADA NO
DIREITO PROCESSUAL CIVIL BRASILEIRO**

Monografia apresentada como requisito parcial para obtenção do título de Especialista em Direito Civil e Processual Civil pela Escola Judicial do TJPE.

Área de Conhecimento: Direito Processual.

Orientador: Prof. Dr. Sérgio Torres Teixeira

Recife, 2019

Dados Internacionais de Catalogação na Publicação (CIP)
(Câmara Brasileira do Livro, SP, Brasil)

Lima, João Paulo Dos Santos
    A estabilização da tutela de urgência requerida em
caráter antecedente e a coisa julgada no direito
processual civil brasileiro / João Paulo Dos Santos
Lima. -- Igarassu, PE : Ed. do Autor, 2023.

    Bibliografia.
    ISBN 978-65-00-70353-5

    1. Direito processual civil - Brasil 2. Tutela de
evidência 3. Tutela de urgência I. Título.

23-157848   CDU-347.919.6(81)

Índices para catálogo sistemático:

1. Brasil : Tutela de evidência : Direito processual
        civil   347.919.6(81)

Eliane de Freitas Leite - Bibliotecária - CRB 8/8415

RESUMO

Trata-se de monografia que objetiva estudar o instituto da estabilização da tutela de urgência antecedente, positivado pelo atual Código de Processo Civil, mediante o estudo preliminar da tutela jurisdicional enquanto prestação proporcionada pelo Estado-juiz como forma historicamente tradicional de solução de conflitos e seu cotejo com a coisa julgada. Inicialmente foi realizada breve digressão acerca da tutela jurisdicional, em seu viés satisfativo e acautelatório, e posteriormente a análise da tutela de urgência, em que inserido o tema da estabilização, e um sucinto estudo da tutela da evidência. Foi procedido a um sumário estudo da coisa julgada no direito brasileiro, trazendo-se suas principais questões, seus fundamentos, além de suas espécies e limites estabelecidos pela norma processual civil. Por fim, foi esmiuçada a tratativa legal do instituto, discorrendo-se sobre os vários aspectos que envolve seu procedimento, os pressupostos para sua ocorrência, bem como retratadas as situações em que sua incidência se mostra vedada pelo ordenamento jurídico, segundo uma análise unitária. Na sequência, versou-se a respeito da ação autônoma de impugnação, enquanto artifício legal para se discutir de maneira plena a demanda na qual se fundamentou a decisão concessiva da tutela de urgência antecedente, visando sua reforma, revisão, invalidação ou ratificação. Ao final, foi empreendida uma análise comparativa entre a coisa julgada e a estabilização da tutela de urgência, colacionando-se alguns posicionamentos doutrinários quanto aos aspectos de semelhança e divergência entre os institutos.

Palavras-chave: Tutela Jurisdicional. Coisa Julgada. Estabilização da Tutela de Urgência.

1. INTRODUÇÃO

Com o advento do novo Código de Processo Civil, instituído pela Lei n° 13.105/2015, a sistemática processual adquiriu novas perspectivas sob o enfoque constitucional. Desse modo, os institutos processuais sofreram diversas modificações, objetivando harmonizar-se com o modelo constitucional vigente.

Nesse ínterim, ao disciplinar o instituto da estabilização da tutela de urgência antecedente, pretendeu o novel CPC concretizar os princípios constitucionais da duração razoável do processo e da efetividade processual, sem afastar-se do devido processo legal e da segurança jurídica.

O presente escrito monográfico, realizado através de pesquisa bibliográfica, enceta uma análise preliminar acerca da tutela jurisdicional, salientando seus principais aspectos e fundamentos, e explorando a dicotomia tutela definitiva/tutela provisória, perpassando pelas características de cada espécie, e esquadrinhando as facetas satisfativa e cautelar da prestação jurisdicional.

No tocante à tutela provisória, examinou-se a tutela de urgência e a tutela da evidência a partir das regras trazidas pela atual codificação, bem como os aspectos doutrinários da atividade judicial perfunctória, de modo a especificar o objeto de estudo da presente monografia, porquanto inserto no tema tutela de urgência.

Em um segundo momento, foram abordados o conceito e os fundamentos da coisa julgada segundo o modelo constitucional vigente, além de sua definição legal prevista no artigo 502 do CPC.

Outrossim, discorreu-se sobre os pressupostos para ocorrência da coisa julgada, suas espécies, quais sejam coisa julgada formal e material, assim como os seus limites (objetivos, subjetivos, territoriais e temporais).

Ressaltou-se, inclusive, a característica da exclusividade da atividade jurisdicional brasileira para produção de uma decisão indiscutível e imutável, esclarecendo tratar-se a coisa julgada administrativa como a impossibilidade de rediscussão do que foi decidido apenas no âmbito administrativo, sem prejuízo de sua reapreciação pelo Poder Judiciário.

Buscou-se, em derradeiro ponto, trazer à baila o arcabouço dogmático do instituto da estabilização da tutela de urgência antecedente, através da exposição do procedimento para sua ocorrência, e as principais celeumas envolvidas em torno de seu trâmite.

Outrossim, foi apresentado recente precedente do Superior Tribunal de Justiça, onde a Colenda Corte ampliou a interpretação da norma que caracteriza a inércia do réu, apta a ensejar a estabilização da tutela de urgência e a extinção do processo, de modo a estender o conceito de recurso, previsto no *caput* do artigo 304 do CPC, para alcançar a contestação oferecida pelo réu, caracterizando sua insurgência e a vontade de prosseguir no feito até decisão final, proferida em cognição plena.

Também foram tratados os pressupostos para a incidência da estabilização, bem como abordadas algumas relações jurídico-processuais nas quais a doutrina indica a impossibilidade jurídica da ocorrência da estabilização.

Pretendeu-se demonstrar a importância do hodierno instituto trazido pelo CPC de 2015 para a efetividade da jurisdição, garantindo-se, mediante a identificação da plausibilidade do direito alegado, sua imediata satisfação, sem a necessidade de um extenso procedimento para se confirmar uma decisão na qual ambas as partes concordam, ao menos temporariamente, dispensando a fase de cognição exauriente.

Discorreu-se também acerca da ação autônoma de impugnação, igualmente positivada pelo atual panorama processual, como mecanismo apto a promover a revisão, reforma ou invalidação da decisão concessiva da tutela provisória de urgência antecedente, enfatizando-se tanto a legitimidade do réu quanto do autor para sua propositura, porquanto poderá ser confirmada através de cognição exauriente.

Por fim, foi feito um cotejo entre os institutos da coisa julgada e da estabilização da tutela de urgência, identificando suas semelhanças e divergências, bem como apresentando os entendimentos doutrinários acerca da identidade/distinção entre as figuras processuais estudadas.

2. TUTELA JURISDICIONAL

2.1. Tutela definitiva

O processo, dado seu caráter instrumental, não constitui um fim em si mesmo. O Estado-juiz, enquanto titular do monopólio da jurisdição, encontra no processo o meio necessário e adequado ao atendimento dos anseios daqueles que, seja em razão de uma pretensão resistida, ou mesmo da vontade expressa da lei, socorrem-se ao seu poder de império para proteção dos seus direitos.

Essa perspectiva, deixe-se claro, não minimiza o papel do processo na construção do Direito, uma vez que este só existe após ser produzido, seja a nível abstrato (processo legislativo) ou concreto (processo administrativo ou judicial), razão pela qual não se nega a indispensabilidade do processo.

Inobstante as vias alternativas de solução de conflitos – conciliação, mediação, arbitragem – indiscutivelmente a jurisdição se projeta como o caminho mais perseguido à satisfação (em sentido amplo) da pretensão ao bem da vida almejado/ameaçado, dada a característica da definitividade, decorrente da soberania estatal, e em razão da cláusula pétrea constitucional, prevista no artigo 5º, inciso XXXV, da Constituição Federal (BRASIL, 1988) que garante sua inafastabilidade.

Nesse ínterim, seja pela via contenciosa ou voluntária, é através do processo que se busca dizer o direto a quem de direito. Trata-se, pois, de um método de exercício da jurisdição, como forma de tutelar uma situação jurídica afirmada.

Frise-se, por oportuno, que se está a tratar do enfoque procedimental visualizado através do processo, enquanto ato jurídico complexo, a par de suas outras vertentes (método de criação de normas jurídicas, ou poder normativo, e conjunto de relações jurídicas).

Por tutela jurisdicional, pois, nas lições de Neves (2016, p. 103), "entende-se a proteção prestada pelo Estado quando provocado por meio de um processo, gerado em razão da lesão ou ameaça de lesão a um direito material".

Embora o conceito, em um primeiro momento, pareça excluir a tutela jurisdicional requerida por meio dos processos de jurisdição voluntária, em razão de sua própria nomenclatura, o próprio autor consigna que "o que se nota na maioria das demandas de jurisdição voluntária é a obrigatoriedade, exigindo-se das partes a intervenção do Poder Judiciário para que se obtenham o bem da vida pretendido" (NEVES, 2016, p. 97).

Nessa toada, é a chamada tutela definitiva que se persegue pela via da jurisdição, baseada em cognição exauriente, mediante ampla discussão acerca do objeto *sub judice*, garantindo-se o devido processo legal, o contraditório e a ampla defesa, e predisposta a produzir resultados imutáveis, sob o manto da coisa julgada.

2.1.1. *Tutela satisfativa*

A tutela jurisdicional definitiva assumirá caráter satisfativo quando visar à certificação de direitos materiais, seja pela via declaratória, constitutiva ou condenatória (teoria ternária).

Ressalte-se, por oportuno, que, não obstante a doutrina considerar a tutela declaratória uma espécie autônoma de tutela satisfativa, é reconhecido que toda sentença possui um elemento declaratório, ainda que se pleiteie a condenação do réu ao cumprimento de uma prestação, ou mesmo a desconstituição de uma relação jurídica, pois, em todos os casos, a constatação do direito material subjacente constitui seu pressuposto.

Será (meramente) declaratória a tutela cujo conteúdo seja a declaração da existência, da inexistência ou do modo de ser de uma relação jurídica de direito material, produzindo, embora com efeitos *ex tunc*, a certeza jurídica pela declaração encerrada na decisão. Excepcionalmente, conforme adverte Neves (2016, p. 822), a tutela meramente declaratória pode ter por objeto não a declaração de certeza de uma relação jurídica, mas da autenticidade ou falsidade de um documento. Nesse sentido são as normas dispostas nos artigos 19 e 20 do CPC (BRASIL, 2015), que reconhecem o interesse jurídico do autor e admitem o manejo da ação meramente declaratória, ainda que tenha ocorrido a violação do direito.

Noutro viés, a tutela constitutiva visa à criação, extinção ou modificação de uma relação jurídica, produzindo uma situação jurídica diferente da anterior, com efeitos *ex nunc*, salvo quando a lei expressamente apontar sua eficácia retroativa.

Por fim, busca-se através da tutela condenatória a imputação ao réu do cumprimento de uma prestação de pagar quantia certa, fazer, não fazer ou entregar coisa, diante do inadimplemento daquele.

2.1.2. *Tutela cautelar*

Conforme leciona Didier Jr. (2015, p. 562), a tutela definitiva cautelar distingue-se da satisfativa tanto por seu objeto – uma vez que aquela busca a asseguração do direito, enquanto esta a sua certificação/efetivação – quanto pelas características que lhe são próprias.

Com efeito, a tutela cautelar tem por escopo resguardar outro direito, que será objeto da tutela satisfativa, proporcionando que o direito acautelado possa ser fruído no tempo oportuno. É diante dessa relação entre o direito à cautela e o direito acautelado que a doutrina aponta a característica da referibilidade.

Confira-se, a propósito, as lições de Gonçalves (2016, p. 721):

> A satisfatividade é o critério mais útil para distinguir a tutela antecipada da cautelar. As duas são provisórias e podem ter requisitos muito assemelhados, relacionados à urgência ou evidência. Mas somente a primeira tem natureza satisfativa, permitindo ao juiz que já defira os efeitos que, sem ela, só poderia conceder no final. Na cautelar, o juiz não defere, ainda, os efeitos pedidos, mas apenas determina uma medida protetiva assecurativa, que preserva o direito do autor, em risco pela demora no processo. Tanto a tutela antecipada quanto a cautelar podem ser úteis para afastar uma situação de perigo de prejuízo irreparável ou de difícil reparação. Mas diferem quanto à maneira pela qual alcançam esse resultado: enquanto a primeira afasta o perigo atendendo ao que foi postulado, a segunda o afasta tomando alguma providência de proteção.

Por outro lado, a doutrina ainda aponta a característica da temporariedade como inerente à tutela cautelar, diante de sua eficácia limitada no tempo. Nos dizeres de Mitidiero (2011, p. 35), "a tutela cautelar, em razão da sua referibilidade à tutela de outro direito, não dura para sempre: é eficaz apenas enquanto for útil".

Imperioso consignar que, malgrado a temporariedade dos efeitos da tutela cautelar, que, como visto, tem seu período de duração delimitado no tempo, perdendo sua eficácia quando reconhecido e satisfeito, ou não, o direito acautelado, a sentença que a concede viabiliza uma tutela definitiva, através de cognição exauriente, apta a tornar-se imutável.

2.2. Tutela provisória

A lei processual admite, em determinadas situações, que o magistrado assegure ou satisfaça, desde logo, a pretensão perseguida pelo autor.

Para tanto, alguns requisitos – que gravitam em torno da urgência ou da evidência – devem estar preenchidos para que a atividade jurisdicional se efetive de forma imediatista.

Com efeito, a tutela provisória poderá fundamentar-se na urgência da demanda apresentada ao Poder Judiciário, ou na evidência do direito formulado pelo autor.

Por outro lado, quanto ao momento em que essa tutela provisória seja pleiteada, o Código de Processo Civil (BRASIL, 2015) distingue em antecedente, quando a urgência for anterior à propositura da demanda em que se busca a entrega definitiva do bem da vida requestado, e incidente, quando requerida desde a petição inicial e ao longo do trâmite processual.

Tal qual a tutela definitiva, como seu reflexo, a tutela provisória igualmente poderá assumir natureza cautelar ou satisfativa. Enquanto a tutela provisória satisfativa visa antecipar, no todo ou em parte, os efeitos da tutela definitiva pretendida, a tutela provisória cautelar se propõe a afastar riscos e assegurar o resultado útil do processo.

2.2.1. *Tutela de urgência*

A garantia constitucional do devido processual legal, insculpida no artigo 5º, LIV, da Carta Magna (BRASIL, 1988) assegura um procedimento animado pelo contraditório e a ampla defesa, a fim de produzir resultados justos e predispostos à imutabilidade (DIDIER JR., 2016, p. 567). Para tanto, o tempo transcorrido durante o diálogo processual entre os sujeitos do processo no mais das vezes mostra-se demasiadamente prolongado para atender certas situações que exigem amparo imediato do Estado-juiz.

Nesse sentido, o perigo da demora para obtenção da tutela definitiva (satisfativa ou cautelar) põe em risco a própria efetividade do processo, garantia constitucional prevista no artigo 5º, XXXV, da Lei Maior (BRASIL, 1988), sobretudo em casos de urgência. Diante desse conflito (aparente) entre direitos fundamentais, surge a tutela provisória de urgência, objetivando a harmonização de tais valores constitucionais.

A tempestividade da tutela jurisdicional constitui, pois, corolário do princípio da efetividade do processo. Assim, demonstrados pelo autor, em situações de urgência, elementos que evidenciem o direito reclamado, surge o poder-dever do Estado-juiz de distribuir o ônus do tempo do processo entre os litigantes (MARINONI, 2004, p. 21).

Com efeito, a tutela provisória de urgência é baseada em cognição sumária, mediante análise superficial do objeto litigioso a partir de um juízo de probabilidade. Ademais, é marcada pela precariedade, de modo que sua eficácia será conservada durante o trâmite processual, mas podendo ser revogada ou modificada a qualquer tempo, conforme regra preceituada no artigo 296 do Código de Processo Civil (BRASIL, 2015).

De igual modo que a tutela definitiva, a tutela provisória de urgência pode ser satisfativa ou cautelar. Em ambos os casos, a concessão pressupõe a probabilidade do direito (verossimilhança das alegações, nos dizeres do Código Buzaid), além da demonstração do "perigo de dano ou risco ao resultado útil do processo" (*periculum in mora*), na esteira do artigo 300 do CPC (BRASIL, 2015).

Por probabilidade do direito deve ser entendida a plausibilidade de sua existência, conhecida por *fumus boni iuris*. Segundo Didier Jr. (2016, p. 596), para visualização desse pressuposto, faz-se necessário conjugar a verossimilhança fática, entendida como a razoabilidade da narrativa dos fatos trazida pelo autor, independentemente de dilação probatória, com a plausibilidade jurídica, isto é, a probabilidade de subsunção dos fatos à norma invocada, produzindo o resultado invocado.

Por sua vez, o pressuposto do perigo da demora estará evidenciado quando o retardamento da prestação jurisdicional puder comprometer a efetividade da jurisdição, acarretando "dano ou risco ao resultado útil do processo", na exata dicção do *caput* do artigo 300 do CPC (BRASIL, 2015), ou mesmo temor decorrente de um ato ilícito (tutelas inibitória, reintegratória e ressarcitória).

Imperioso destacar que o dano que pode resultar da mora deve ser concreto, e não hipotético, atual (iminente) e grave, apto a prejudicar ou impedir a fruição do direito. Outrossim, o dano deve ser irreparável ou de incerta reparação (DIDIER JR., 2016, p. 597).

Há, ainda, o pressuposto específico da reversibilidade dos efeitos da tutela provisória de urgência satisfativa.

Com efeito, na esteira do § 3º, do artigo 300 do CPC, "a tutela de urgência de natureza antecipada não será concedida quando houver perigo de irreversibilidade dos efeitos da decisão" (BRASIL, 2015). Desse modo, além de estarem presentes a fumaça do bom direito e o perigo da demora, é preciso que os efeitos da medida antecipatória sejam reversíveis ao *status quo ante*, em caso de alteração ou revogação da decisão no curso do processo.

Trata-se, pois, de uma providência legal destinada a coibir abusos, de modo a não prejudicar a parte adversária, preservando-a de excessos da medida.

Contudo, imperiosas são as lições de Gonçalves (2016, p. 366):

> [...] é preciso considerar que, às vezes, haverá o que Athos Gusmão Carneiro chama de 'irreversibilidade recíproca': 'Com certa frequência, o pressuposto da irreversibilidade ficará 'superado' ante a constatação da 'recíproca irreversibilidade'. Concedida a antecipação de tutela, e efetivada, cria-se situação irreversível em favor do autor; denegada, a situação será irreversível em prol do demandado'. A solução será o juiz valer-se do princípio da proporcionalidade, determinando a proteção do interesse mais relevante, e afastando o risco mais grave. A irreversibilidade deve ser levada em conta tanto para negar quanto para conceder a tutela. Se a concessão gerar situação irreversível, e a denegação não, o juiz deve denegá-la; se a denegação gerar situação irreversível, e a concessão não, o juiz deve concedê-la; mas se ambas gerarem situação irreversível, a solução será aplicar o princípio da proporcionalidade.

Não por outra razão, no Seminário "O PODER JUDICIÁRIO E O NOVO CÓDIGO DE PROCESSO CIVIL", realizado em 2015, a ENFAM editou o Enunciado nº 25, o qual dispõe que "a vedação da concessão de tutela de urgência cujos efeitos possam ser irreversíveis (art. 300, § 3º, do CPC/2015) pode ser afastada no caso concreto com base na garantia do acesso à Justiça (art. 5º, XXXV, da CRFB)".

Com o intuito de estabelecer uma contragarantia, o § 1º, do artigo 300 do CPC (BRASIL, 2015), prevê a possibilidade de o juiz exigir da parte requerente a prestação de caução idônea, de modo a ressarcir os eventuais prejuízos sofridos pela parte contrária, caso a medida seja revogada ou perca sua eficácia. No entanto, o mesmo dispositivo autoriza a dispensa da contracautela em caso de a parte ser economicamente hipossuficiente e, em razão dessa situação, não puder oferecê-la, sempre levando em conta o princípio da proporcionalidade.

2.2.2. *Tutela da evidência*

Há casos em que, não obstante inexistir urgência para o atendimento imediato da demanda, o tempo necessário para obtenção da tutela definitiva, malgrado sua imprescindibilidade, consoante já destacado alhures, mostra-se injusto àquele titular de um direito alicerçado em alegações devidamente comprovadas, frente a situações jurídicas que a lei presume, de forma relativa, a certeza jurídica das afirmações.

Nessa situação, a ausência de uma resposta estatal daria primazia à segurança jurídica em detrimento de outro direito igualmente fundamental, qual seja, a isonomia (DIDIER JR., 2016, p. 567).

Nesse ínterim, será concedida a tutela provisória da evidência quando as afirmações de fato forem ratificadas, ainda que tacitamente, pela conduta protelatória do réu, ou quando estiverem documentalmente comprovadas, tornando o direito evidente, revelando alto grau de probabilidade das alegações autorais.

O artigo 311 do CPC prevê, em rol exemplificativo (DONIZETTI, 2016, p. 505), as hipóteses em que a evidência do direito é presumida. Assim dispõe o dispositivo legal, *in verbis*:

> Art. 311. A tutela da evidência será concedida, independentemente da demonstração de perigo de dano ou de risco ao resultado útil do processo, quando:
> I - ficar caracterizado o abuso do direito de defesa ou o manifesto propósito protelatório da parte;
> II - as alegações de fato puderem ser comprovadas apenas documentalmente e houver tese firmada em julgamento de casos repetitivos ou em súmula vinculante;
> III - se tratar de pedido reipersecutório fundado em prova documental adequada do contrato de depósito, caso em que será decretada a ordem de entrega do objeto custodiado, sob cominação de multa;
> IV - a petição inicial for instruída com prova documental suficiente dos fatos constitutivos do direito do autor, a que o réu não oponha prova capaz de gerar dúvida razoável.

Parágrafo único. Nas hipóteses dos incisos II e III, o juiz poderá decidir liminarmente. (BRASIL, 2015)

O texto legal deixa claro que a tutela provisória da evidência poderá assumir caráter punitivo, visando sancionar a parte que, dada a probabilidade de veracidade das alegações do seu oponente, deduz defesas inconsistentes e despidas de seriedade, ou revelar natureza documentada, isto é, fundada em precedentes obrigatórios (julgamento de casos repetitivos ou em súmula vinculante), em prova escrita de contrato de depósito, ou na ausência de contraprova documental suficiente, sempre aliada a existência de prova documentada.

Trata-se, pois, de regra de distribuição do ônus decorrente do tempo necessário ao trâmite processual até chegar-se à tutela definitiva (DIDIER JR., 2016, p. 618).

Conforme deixa claro o texto legal, a tutela da evidência apenas será concedida como forma de antecipar uma tutela satisfativa, independentemente do *periculum in mora*.

3. COISA JULGADA

2.1. Conceito e fundamentos

A decisão judicial, deferindo ou não a tutela perseguida, está sujeita a impugnações de modo a garantir sua legitimidade e eficácia frente ao mundo fático. Contudo, tais irresignações não são irrestritas, pois, se assim não fosse, estar-se-ia perpetuando uma contenda que a própria jurisdição se propôs a dirimir.

Assim, a fim de garantir estabilidade à decisão sobre uma situação jurídica submetida à apreciação do Poder Judiciário, tornando-a imutável e indiscutível, seja pelo esgotamento dos recursos postos à sua revisão, seja pela inércia da parte insatisfeita, tem-se a coisa julgada.

Com efeito, assegura a Constituição Federal, em seu artigo 5°, inciso XXXVI (BRASIL, 1988), a inviolabilidade da coisa julgada pela lei (em sentido amplo, alcançando a norma jurídica individualizada contida na decisão judicial), concretizando o direito fundamental à segurança jurídica.

Nesta senda, dispõe o artigo 502 do atual Código de Processo Civil (BRASIL, 2015) que a coisa julgada consiste na autoridade que torna indiscutível e imutável uma decisão de mérito não mais sujeita a recurso.

Convém salientar que o dispositivo legal supramencionado, ao fazer uso da expressão "decisão de mérito", reforça que a coisa julgada não ocorre apenas quando preclusa uma sentença, podendo recair a *res iudicata* sobre qualquer ato decisório que enfrente o mérito da demanda.

Trata-se, pois, de uma qualidade da decisão judicial (THEODORO JÚNIOR, 2015, p. 1.080), após a insusceptibilidade de sua modificação.

Insta frisar que, diferentemente do CPC de 1973, a hodierna Lei Adjetiva Civil substituiu o verbete "eficácia" por "autoridade", inclinando-se à corrente doutrinária que defende a natureza de situação jurídica da coisa julgada, de modo que, ao invés de seus efeitos, seu conteúdo é que se torna incontestável (NERY JR.;NERY, 2015, p. 680-681).

Enquanto imutável, a decisão de mérito torna-se inalterável, salvo raras hipóteses de sua relativização (coisa julgada inconstitucional) ou mediante sua anulação através da ação rescisória, prevista no artigo 966 do CPC (BRASIL, 2015).

Por essa razão, Theodoro Júnior (2015, p. 1.081) leciona a existência de dois graus de coisa julgada, quais sejam, a coisa julgada propriamente dita, como atributo da sentença de mérito transitada em julgado, e a coisa soberanamente julgada, quando escorrido in albis o prazo decadencial para propositura da ação rescisória, ou quando esta for julgada improcedente.

No que concerne à indiscutibilidade, como apontado por Didier Jr. (2016, p. 513), referido corolário reflete tanto um aspecto negativo, atinente à impossibilidade de rediscussão da questão decidida, quanto uma dimensão positiva, dada a obrigatoriedade de observância do que foi decidido.

Assim são as preciosas lições de Batista (2000, p. 500):

> O efeito negativo da coisa julgada opera como *exceptio rei iudicatae*, ou seja, como defesa, para impedir o novo julgamento daquilo que já fora decidido na demanda anterior. O efeito positivo, ao contrário, corresponde à utilização da coisa julgada propriamente em seu conteúdo, tornando-o imperativo para o segundo julgamento. Enquanto a *exceptio rei iudicatae* é forma de defesa, a ser empregada pelo demandado, o efeito positivo da coisa julgada pode ser fundamento de uma segunda demanda.

Enquanto efeito negativo, a objeção de coisa julgada, prevista no § 4º do artigo 337 do CPC (BRASIL, 2015), pode ser ventilada quando verificada a tríplice identidade entre os elementos da demanda, conforme mencionado por Didier Jr. (2016, p. 518), isto é, quando se repete uma ação com as mesmas partes, a mesma causa de pedir e o mesmo pedido (artigo 337, § 2º, do CPC/2015).

Outrossim, por se tratar de instituto processual de ordem pública, ainda que não arguída pela parte a quem lhe aproveita, pode o magistrado conhecer da coisa julgada de ofício, em qualquer tempo e grau de jurisdição, conforme preconizado pelo § 3º, do artigo 485 do CPC (BRASIL, 2015).

Considerando a possibilidade de cumulação de pedidos em um mesmo processo, contra o mesmo réu, segundo o artigo 327 do CPC (BRASIL, 2015), bem como a existência de outras questões processuais, o que acarretará a segmentação da sentença em capítulos, naturalmente vislumbra-se a viabilidade de ocorrência de coisa julgada parcial, isto é, apenas sobre parcela da demanda, o que vem positivado pelo artigo 503 do CPC (BRASIL, 2015).

Convém assinalar que a coisa julgada a que se referem a Constituição da República e o Código de Processo Civil é a própria da função jurisdicional do Estado. Desse modo, em que pese a doutrina administrativista falar em coisa julgada administrativa, as decisões proferidas pela Administração Pública estão desprovidas de definitividade absoluta, tal qual se verifica nas decisões prolatadas pelo Estado-juiz, de modo que apenas não podem ser revistas pela via administrativa. Nesse sentido preleciona Carvalho Filho (2017, p. 540):

> Essa figura ocorre comumente em processos administrativos onde de um lado está o Estado e de outro o administrado, ambos com interesses contrapostos. Suponha--se que o administrado, inconformado com certo ato administrativo, interponha recurso para uma autoridade superior. Esta confirma o ato, e o interessado utiliza novo recurso, agora para a autoridade mais elevada, que também nega provimento ao recurso e confirma o ato. Essa decisão faz coisa julgada administrativa, porque dentro da Administração será ela irretratável, já que nenhum outro caminho existe para o administrado insistir na sua pretensão. Mas a definitividade do decisório administrativo é relativa, porque o administrado, ainda inconformado, poderá oferecer sua pretensão ao Judiciário, e este poderá amanhã decidir em sentido contrário ao que foi decidido pela Administração. Essa decisão judicial, sim, terá definitividade absoluta ao momento em que o interessado não mais tiver qualquer mecanismo jurídico que possa ensejar sua modificação.

Em que pese a norma legal indicar como pressuposto à formação da coisa julgada a existência de uma decisão de mérito, há a possibilidade de se vislumbrar referida situação jurídica em decisões nas quais o mérito da demanda não foi apreciado, como nas hipóteses previstas no artigo 485 do CPC (BRASIL, 2015), que impedem a rediscussão da questão no bojo do processo na qual foi proferida a decisão (efeito negativo), bem como vinculam a distribuição da causa ao juízo que proferiu a decisão terminativa, quando for reiterado o pedido (efeito positivo), conforme previsão do artigo 286, II, do CPC (BRASIL, 2015).

Por outro lado, para que incida a autoridade da coisa julgada, faz-se necessário que a decisão judicial tenha sido fundada em cognição exauriente, razão pela não se pode empregar a característica da inalterabilidade às decisões concessivas de tutela provisória.

Outrossim, constitui pressuposto fundamental da coisa julgada o trânsito em julgado, isto é, a impossibilidade de interposição de quaisquer outros recursos em face da decisão judicial a que se pretende vislumbrar a situação jurídica.

2.2. Espécies

A doutrina processualista civil categoriza a coisa julgada sob duas espécies, conforme produzam ou não efeitos para além do processo em que ocorrida a situação jurídica.

Conforme explanado alhures, em dado momento a decisão judicial proferida torna-se imutável e indiscutível dentro do processo em que foi proferida. Seja pela não interposição de recurso, ou pelo esgotamento das vias de impugnação, ocorre a preclusão máxima, isto é, o trânsito em julgado. Exsurge, consequentemente, a coisa julgada formal.

Trata-se a coisa julgada formal de fenômeno endoprocessual, eis que operada no âmbito do processo em que ocorrida, razão pela qual toda decisão a ela está sujeita.

Contudo, há corrente doutrinária que propõe uma reconstrução do conceito de coisa julgada formal, de modo que referida situação processual apenas ocorreria nas decisões de conteúdo eminentemente processual, diferenciando-se das decisões de mérito (MOURÃO, 2006, p. 107).

Por outro lado, a coisa julgada material apenas alcança as decisões em que o mérito da demanda foi analisado, mediante cognição judicial exauriente.

Além da coisa julgada formal, com o trânsito em julgado da decisão de mérito, ocorre, também nesse momento procedimental, a coisa julgada material.

No entanto, possui a coisa julgada material projeção para fora do processo, tornando a decisão judicial imutável e indiscutível além dos limites do feito em que foi proferida, não podendo ser ignorada ou modificada em outros processos.

2.3. Limites

Tradicionalmente, em razão da natureza jurídica de situação jurídica da coisa julgada, defende a doutrina processualista civil que apenas o dispositivo da decisão, isto é, o trecho em que efetivamente a matéria é decidida, é acobertado pelo manto da *res iudicata*.

Desse modo, os fundamentos da decisão judicial não seriam considerados imutáveis, podendo ser rediscutidos em outro feito, salvo, obviamente, nas palavras de Neves (2017, p. 884) "se não colocar em perigo o previsto no dispositivo da decisão protegida pela coisa julgada material".

Nesse sentido, dispõe o artigo 503 do CPC (BRASIL, 2015) que a decisão que aprecia o mérito da demanda tem força de lei nos limites da questão principal decidida, tornando indiscutível a norma jurídica individualizada. E complementa o artigo 504 do mesmo *codex* que os motivos e a verdade dos fatos, utilizados como fundamento da sentença, por mais relevantes que se apresentem no caso concreto, não fazem coisa julgada material (BRASIL, 2015).

Excepcionalmente, é possível que os fundamentos da decisão façam coisa julgada material, devendo ser observados em outras demandas propostas.

Com efeito, prevê o § 1º, do artigo 503 do CPC (BRASIL, 2015) que a questão prejudicial, decidida expressa e incidentalmente no processo, terá igual força de lei, se for essencial ao julgamento do mérito da questão principal, se sobre a mesma tiver havido contraditório prévio e efetivo e o juízo que sobre ela decidir for competente em razão da matéria e da pessoa. Por outro lado, ainda que observados, cumulativamente, tais requisitos, não haverá extensão da coisa julgada à resolução da questão prejudicial se houver restrições probatórias ou limitações cognitivas no processo em que operada a preclusão máxima, na esteira do § 2º do mesmo dispositivo legal (BRASIL, 2015).

No processo objetivo de controle de constitucionalidade, da mesma forma, os motivos determinantes da decisão também se tornam imutáveis, espraiando seu efeito vinculante para além do dispositivo do *decisum*. Assim são as precisas lições Barroso (2012, p. 184):

> Em sucessivas decisões, o Supremo Tribunal Federal estendeu os limites objetivos e subjetivos das decisões proferidas em sede de controle abstrato

de constitucionalidade, com base em uma construção que vem denominando *transcendência dos motivos determinantes*. Por essa linha de entendimento, é reconhecida eficácia vinculante não apenas à parte dispositiva do julgado, mas também aos próprios fundamentos que embasaram a decisão. Em outras palavras: juízes e tribunais devem acatamento não apenas à conclusão do acórdão, mas igualmente às razões de decidir. Essa linha jurisprudencial parece afinada com o propósito de racionalização da jurisdição constitucional e da carga de trabalho do STF, privilegiando as teses constitucionais que hajam sido firmadas em controle abstrato. Nada obstante, o próprio tribunal tem ensaiado uma possível mudança de jurisprudência na matéria, questionando a possibilidade de se conferir eficácia vinculante também às suas razões de decidir.

Tratam-se, assim, dos limites objetivos da coisa julgada, das questões imunizadas de ulteriores discussões (BUENO, 2016, p. 355).

Por outro lado, o artigo 506 do CPC (BRASIL, 2015) regula os limites subjetivos da coisa julgada, estabelecendo o raio de alcance da norma individual editada na sentença de mérito transitada em julgado.

Nesse ínterim, dispõe a norma em espeque que a coisa julgada apenas atinge as partes que integraram a relação processual, não alcançando, pois, terceiros, senão para beneficiá-los, conforme apontado por Marinoni (2015, p. 630), ao defender a adoção, pelo atual Código, do instituto da coisa julgada *secundum eventum litis in utilibus*. É o que a doutrina processualista chama de eficácia *inter partes* da coisa julgada.

Neves (2017, p. 893) acrescente que referida regra comporta duas exceções, de modo que a coisa julgada prejudicaria terceiros. Tratam-se dos sucessores e substituídos processuais que, enquanto titulares do direito deduzido em juízo, naturalmente devem suportar os efeitos da coisa julgada, ainda que negativos.

Por fim, a doutrina ainda discorre sobre limites territoriais e temporais da coisa julgada (MARINONI, 2015, p. 627-628).

De acordo com a jurisdição do órgão prolator da decisão, a coisa julgada, geograficamente, pode ser distinguida em nacional, estrangeira ou internacional. Enquanto a coisa julgada nacional tem eficácia em todo território nacional, a coisa julgada estrangeira, oriunda de decisões judiciais de outros países, apenas será eficaz no Brasil após ser internalizada pelo processo de homologação de sentença estrangeira perante o STJ. A seu turno, a coisa julgada internacional advém de decisões proferidas por cortes internacionais, e vinculam os países signatários dos tratados internacionais que as constituíram, independentemente de processo de homologação interna.

Historicamente, por sua vez, a coisa julgada permanece inalterada enquanto presente o quadro-fático que a gerou. Nesta senda, estabelece o artigo 505 do CPC que "nenhum juiz decidirá novamente as questões já decididas relativas à mesma lide", salvo "se, tratando-se de relação jurídica de trato continuado, sobreveio modificação no estado de fato ou de direito", autorizando, assim, a propositura de demanda para revisar o que foi decidido (BRASIL, 2015).

4. ESTABILIZAÇÃO DA TUTELA PROVISÓRIA DE URGÊNCIA SATISFATIVA ANTECEDENTE

4.1. Aspectos procedimentais

A tutela provisória de urgência pode ser requerida pelo autor de forma antecedente quando, inobstante seja do interesse do autor deduzir o pedido de tutela definitiva, a situação de emergência demanda a imediata concessão da tutela perseguida, sob pena de perda de objeto.

Nesse ínterim, prevê o artigo 303 do CPC (BRASIL, 2015) que, nos casos de urgência contemporânea à propositura da ação, "a petição inicial pode limitar-se ao requerimento da tutela antecipada e à indicação do pedido de tutela final, com a exposição da lide, do direito que se busca realizar e do perigo de dano ou do risco ao resultado útil do processo".

Com efeito, deve o autor, no caso de demanda que vise à imediata satisfação do direito, indicar na petição inicial a tutela definitiva que pretende seja concedida, a descrição do conflito deduzido em juízo, com a devida fundamentação jurídica, e a demonstração do risco a que se submete o pedido caso não seja antecipada sua satisfação.

Ademais, dispõem os §§ 4º e 5º do mesmo dispositivo legal que, além dos requisitos do *caput*, deve a petição indicar o valor da causa, levando em consideração o pedido de tutela final, bem como explicitar que pretende a concessão da tutela em caráter antecedente, visando posteriormente complementar sua exordial para adequação ao pedido de tutela final.

A par de tais exigências, adverte Theodoro Júnior (2015, p. 647) que deve o autor indicar o *periculum in mora* na prestação jurisdicional, bem como o juízo competente, os elementos da ação, as provas de que pretende se valer para comprovar os fatos alegados, bem como adiantar as custas processuais e demais despesas.

Em homenagem à instrumentalidade e à economia processual, privilegiando o contraditório, permite a lei a emenda da petição inicial, caso o magistrado não entenda estarem presentes os requisitos para concessão da tutela antecipada, facultando a norma do § 6º, do artigo 303 do CPC o prazo sumário de 5 (cinco) dias para o saneamento da exordial, sob pena de indeferimento e consequente extinção do processo sem resolução de mérito (BRASIL, 2015), em harmonia, mas com nítidas diferenças, com a regra padrão de aditamento da petição inicial do processo ordinário, prevista no artigo 321 do CPC.

Por outro lado, caso a medida *inaudita altera parte* não seja de plano deferida, mesmo após a aplicação da regra de saneamento acima mencionada, o processo igualmente será extinto sem resolução de mérito, conforme salienta Theodoro Júnior (2015, p. 659).

Como corolário dos princípios constitucionais do contraditório e da ampla defesa, deferida a tutela antecipada, será o réu intimado da decisão para submeter-se à sua autoridade, e, caso queira, interpor o recurso cabível contra a sua concessão, qual seja agravo de instrumento, conforme previsão do artigo 1.015, I, do CPC (BRASIL, 2015).

Concomitantemente, será aberta vista dos autos ao autor, no prazo mínimo de 15 (quinze) dias (uma vez que o magistrado poderá fixar prazo maior, de acordo com as peculiaridades do caso), para aditar a petição inicial sumária do pedido de urgência, nos mesmos autos e sem incidência de novas custas, a fim de complementar seus argumentos, juntar novos documentos e requerer a confirmação do pedido de tutela final, na esteira do disposto no § 1º, inciso I, combinado com o § 3º, do citado artigo 303 do CPC (BRASIL, 2015), convertendo-se a demanda provisória em definitiva.

Naturalmente, não se desincumbindo o autor do ônus do aditamento da petição inicial, restará evidenciado seu desinteresse na continuidade do processo, conduzindo à extinção terminativa do feito, na esteira do § 2º, do artigo 303 do CPC (BRASIL, 2015).

Finalmente, não obstante a falta de clareza do texto legal, aponta a doutrina (THEODORO JÚNIOR, 2015, p. 661) que, só após realizado o aditamento da petição inicial, e havendo qualquer ato de irresignação do réu, será este citado e intimado para comparecer a audiência de conciliação ou mediação, ou tão-somente para oferecer contestação, caso a demanda não admita autocomposição, seguindo o feito o rito ordinário.

4.2. Pressupostos

O artigo 304 do CPC (BRASIL, 2015) disciplina a estabilização da tutela provisória satisfativa concedida de forma antecedente, desvinculando-a da tutela concedida com base em cognição exauriente. Trata-se de técnica inspirada no *référé provision* francês (artigo 809 do *Code de Procédure Civile*), conforme registrado por Marinoni (2015, p. 214), baseada na urgência da demanda, mediante procedimento autônomo, sem o sequenciamento para o processo fundado em cognição exauriente, mas apta a resolver a crise de direito material por si só.

No entanto, a norma legal prevê certos pressupostos para que a tutela sumária adquira estabilização e autonomia.

Com efeito, imperioso é o requerimento expresso do autor pela concessão da tutela provisória satisfativa em caráter antecedente, pois apenas ela tem o condão de se tornar estável.

Por outro lado, não pode o demandante manifestar interesse em prosseguir no feito após a concessão da medida antecipatória, pois a estabilização acoberta a tutela concedida em cognição sumária. Caso o autor opte pela segurança jurídica decorrente da coisa julgada, perseguirá a tutela definitiva, mas a provisória não adquirirá o *status* de estável.

Conforme saliente Didier Jr. (2016, p. 607), apenas a decisão concessiva da tutela antecipada poderá tornar-se estável. *A contrario senso*, em sendo denegada a medida antecipatória, a decisão não adquirirá, obviamente, estabilidade.

Como último pressuposto, é necessária a inércia do réu frente à decisão que concede a tutela antecipada. Não pode o demandado impugnar o *decisum*, seja através de recurso (agravo de instrumento, conforme previsão do artigo 1.015, I, CPC, ou agravo interno, na esteira do artigo 1.021 do CPC, em caso de processo de competência originária de tribunal), ou mesmo lançando mão de outros meios de impugnação.

Trata-se, assim, de uma técnica satisfativa *secundum eventum defensionis* (ANDRADE; NUNES, 2015, p. 15). Tanto o autor, quando explicitamente requer a concessão da tutela de urgência nos moldes do artigo 303 do CPC (BRASIL, 2015), quanto o réu, estático frente ao deferimento da medida, mostram-se satisfeitos na estabilização, o que denota seu caráter bilaterial.

Assim leciona Theodoro Júnior (2015, p. 674-675):

> São as partes mesmas que se mostram não interessadas no efeito da coisa
> julgada material. Se ficam satisfeitas com a decisão antecipatória, baseada
> em cognição sumária, sem força de coisa julgada, mas com potencial para

resolver a crise de direito material, não se mostra conveniente obrigá-las a prosseguir no processo, para obter a decisão de cognição plena.

Insta salientar, em relação ao último requisito, que não obstante a lei falar em recurso, a doutrina e a jurisprudência atribuem interpretação extensiva ao referido termo, de modo a abarcar qualquer conduta processual do réu que demonstre sua irresignação à decisão concessiva da tutela antecipada, bem como o interesse na continuidade do processo a fim de que a demanda seja decidida em cognição exauriente.

A ideia central do instituto, conforme apontado alhures, é que, após a concessão da tutela antecipada em caráter antecedente, as partes não tenham interesse no prosseguimento do feito, postulando uma decisão com cognição exauriente, apta a produzir coisa julgada material. Por essa razão, a estabilização somente ocorrerá se não houver qualquer tipo de impugnação pela parte contrária.

Nesse ínterim, leciona Marinoni (2015, p. 216):

> É claro que pode ocorrer de o réu não interpor o agravo de instrumento, mas desde logo oferecer contestação no mesmo prazo - ou, ainda, manifestar-se dentro desse mesmo prazo pela realização da audiência de conciliação ou de mediação. Nessa situação, tem-se que entender que a manifestação do réu no primeiro grau de jurisdição serve tanto quanto a interposição do recurso para evitar a estabilização dos efeitos da tutela. Essa solução tem a vantagem de economizar o recurso de agravo e de emprestar a devida relevância à manifestação de vontade constante da contestação ou do intento de comparecimento à audiência. Em ambas as manifestações, a vontade do réu é inequívoca no sentido de exaurir o debate com o prosseguimento do procedimento.

Recentemente, o Superior Tribunal de Justiça, no julgamento do Recurso Especial nº 1.760.966/SP, de relatoria do Ministro Marco Aurélio Bellizze, sufragou referido entendimento, em precedente que se pede vênia para transcrição de sua ementa:

> RECURSO ESPECIAL. PEDIDO DE TUTELA ANTECIPADA REQUERIDA EM CARÁTER ANTECEDENTE. ARTS. 303 E 304 DO CÓDIGO DE PROCESSO CIVIL DE 2015. JUÍZO DE PRIMEIRO GRAU QUE REVOGOU A DECISÃO CONCESSIVA DA TUTELA, APÓS A APRESENTAÇÃO DA CONTESTAÇÃO PELO RÉU, A DESPEITO DA AUSÊNCIA DE INTERPOSIÇÃO DE AGRAVO DE INSTRUMENTO. PRETENDIDA ESTABILIZAÇÃO DA TUTELA ANTECIPADA. IMPOSSIBILIDADE. EFETIVA IMPUGNAÇÃO DO RÉU.

NECESSIDADE DE PROSSEGUIMENTO DO FEITO. RECURSO ESPECIAL DESPROVIDO.

1. A controvérsia discutida neste recurso especial consiste em saber se poderia o Juízo de primeiro grau, após analisar as razões apresentadas na contestação, reconsiderar a decisão que havia deferido o pedido de tutela antecipada requerida em caráter antecedente, nos termos dos arts. 303 e 304 do CPC/2015, a despeito da ausência de interposição de recurso pela parte ré no momento oportuno.

2. O Código de Processo Civil de 2015 inovou na ordem jurídica ao trazer, além das hipóteses até então previstas no CPC/1973, a possibilidade de concessão de tutela antecipada requerida em caráter antecedente, a teor do que dispõe o seu art. 303, o qual estabelece que, nos casos em que a urgência for contemporânea à propositura da ação, a petição inicial poderá se limitar ao requerimento da tutela antecipada e à indicação do pedido de tutela final, com a exposição da lide, do direito que se busca realizar e do perigo de dano ou do risco ao resultado útil do processo.

2.1. Por essa nova sistemática, entendendo o juiz que não estão presentes os requisitos para a concessão da tutela antecipada, o autor será intimado para aditar a inicial, no prazo de até 5 (cinco) dias, sob pena de ser extinto o processo sem resolução de mérito.

Caso concedida a tutela, o autor será intimado para aditar a petição inicial, a fim de complementar sua argumentação, juntar novos documentos e confirmar o pedido de tutela final. O réu, por sua vez, será citado e intimado para a audiência de conciliação ou mediação, na forma prevista no art. 334 do CPC/2015. E, não havendo autocomposição, o prazo para contestação será contado na forma do art. 335 do referido diploma processual.

3. Uma das grandes novidades trazidas pelo novo Código de Processo Civil é a possibilidade de estabilização da tutela antecipada requerida em caráter antecedente, instituto inspirado no référé do Direito francês, que serve para abarcar aquelas situações em que ambas as partes se contentam com a simples tutela antecipada, não havendo necessidade, portanto, de se prosseguir com o processo até uma decisão final (sentença), nos termos do que estabelece o art.

304, §§ 1º a 6º, do CPC/2015.

3.1. Segundo os dispositivos legais correspondentes, não havendo recurso do deferimento da tutela antecipada requerida em caráter antecedente, a referida decisão será estabilizada e o processo será extinto, sem resolução de mérito. No prazo de 2 (dois) anos, porém, contado da ciência da decisão que extinguiu o processo, as partes poderão pleitear, perante o mesmo Juízo que proferiu a decisão, a revisão, reforma ou invalidação da tutela antecipada estabilizada, devendo se valer de ação autônoma para esse fim.

3.2. É de se observar, porém, que, embora o caput do art. 304 do CPC/2015 determine que "a tutela antecipada, concedida nos termos do art. 303, torna-se estável se da decisão que a conceder não for interposto o respectivo recurso", a leitura que deve ser feita do dispositivo legal, tomando como base uma interpretação sistemática e teleológica do instituto, é que a estabilização somente ocorrerá se não houver qualquer tipo de impugnação pela parte contrária, sob pena de se estimular a interposição de agravos de instrumento, sobrecarregando desnecessariamente os Tribunais, além do ajuizamento da ação autônoma, prevista no art. 304, § 2º, do CPC/2015, a fim de rever, reformar ou invalidar a tutela antecipada estabilizada.

4. Na hipótese dos autos, conquanto não tenha havido a interposição de agravo de instrumento contra a decisão que deferiu o pedido de antecipação dos efeitos da tutela requerida em caráter antecedente, na forma do art. 303 do CPC/2015, a ré se antecipou e apresentou contestação, na qual pleiteou,

inclusive, a revogação da tutela provisória concedida, sob o argumento de ser impossível o seu cumprimento, razão pela qual não há que se falar em estabilização da tutela antecipada, devendo, por isso, o feito prosseguir normalmente até a prolação da sentença.
5. Recurso especial desprovido.

Assim, apenas se o réu permanecer silente é que a decisão concessiva da tutela de urgência será estabilizada. No entanto, para a incidência da regra de estabilização, conforme adverte Bueno (2016, p. 485), faz-se imprescindível que do mandado de citação e intimação conste expressamente a advertência de que sua inércia acarretará a estabilização da decisão em desfavor do réu.

Nos termos do já citado § 1º, do artigo 304 do CPC (BRASIL, 2015), em caso de inação do demandado, ante a ausência de interposição de qualquer meio de impugnação, o processo será extinto.

No entanto, o texto legal não deixa claro se a extinção do processo teria índole terminativa (sem resolução de mérito) ou definitiva (com resolução de mérito).

Sobre esse aspecto, examina Nery Jr. (2015, p. 864) que "esse dispositivo concede à tutela antecipada uma presunção de força e estabilidade pela necessidade de propositura de ação própria para discuti-la". E continua o autor:

> Mas, com isso, acaba sendo criado um impasse em relação à economia processual, e cria-se um problema que não havia na concessão da tutela antecipada no CPC/73, relativamente a casos nos quais o pedido de antecipação de tutela seja exauriente e consista no único provimento requerido na ação principal: a decisão que concede a tutela antecipada, não recorrida, se 'converte' em sentença se não houver recurso? Afinal, da concessão, reforma ou rejeição da decisão que concede a antecipação da tutela cabe agravo (CPC, art. 1015, inc. I), e o processo não é extinto a não ser por via da sentença (CPC, art. 203, § 1º). A menos que se admita que para a tutela satisfativa, exista uma ação específica, finalizada por sentença, nos mesmos moldes do que ocorria com as medidas cautelares satisfativas, no regime do CPC/1973.

Decerto, não havendo coisa julgada material, porquanto referida autoridade apenas é atribuída à decisão proferida mediante cognição exauriente, consoante já explanado, não há como atribuir natureza definitiva à decisão concessiva da tutela antecipada antecedente, sendo melhor inserta no inciso X, do artigo 485 do CPC, que prevê a extinção do processo sem resolução de mérito "nos demais casos prescritos neste Código" (BRASIL, 2015).

4.3. Limites à estabilização

Embora prevista indistintamente para toda e qualquer tipo de prestação jurisdicional requerida, existem óbices à incidência da técnica de estabilização para alguns conflitos.

Nessa esteira, Talamini (2012, p. 25) esclarece que nos casos em que o réu do processo antecipatório tenha sido citado fictamente (por edital ou com hora certa) não é possível a aplicabilidade da regra de estabilização, tendo em vista que o demandado não compareceu ao processo, não se podendo falar, pois, em efetiva disposição voluntária. Ademais, ao réu revel citado por edital ou com hora certa será nomeado curador especial, conforme previsão do artigo 72, II, do CPC (BRASIL, 2015), que terá o dever funcional de exercer a defesa do réu, inclusive impugnando a medida urgente deferida antecipadamente.

Na mesma toada, havendo a necessidade de nomeação de curador especial ao réu incapaz, que não possua representante legal ou cujos interesses conflitem com os de seu representante, ou ao réu preso revel, a imperativa insurgência manifestada por aquele terá o condão de afastar a estabilização da tutela de urgência.

Adverte Cardoso (2017, p. 159) que, tendo em vista a primordial função do curador especial de defesa do réu em benefício do princípio constitucional do contraditório efetivo, ainda que aquele não desempenhe o seu mister, cabe ao juiz, ao invés de reconhecer a estabilidade da decisão e extinguir o processo, velar pelo devido processo legal, nomeando outro curador especial, a fim de não imputar ao réu a desídia do primitivo representante.

Por outro lado, um dos fundamentos da estabilização da tutela provisória é a disposição tácita do réu que, regularmente citado, não reage à sua concessão, abdicando do seu direito de defesa. A estabilização, pois, possui nítido caráter bilateral, dependendo da aquiescência de ambas as partes.

Desse modo, tratando a demanda de direitos indisponíveis, ainda que verificada a inércia do réu, igualmente restará inaplicável o mecanismo monitório, notadamente pelo maior grau de disposição revelado pelo assentimento do réu. Não por outra razão, Talamini

(2012, p. 26) esclarece que o "pressuposto de disponibilidade da defesa não está presente quando o objeto do litígio é um direito propriamente indisponível".

A seu turno, embora seja viável, em regra, a estabilização da tutela de urgência concedida antecipadamente em face da Fazenda Pública, da mesma forma que é possível o ajuizamento de ação monitória contra os entes públicos, em alguns casos a legislação veda sua incidência.

Com efeito, conforme disposição expressa do artigo 1º da Lei nº 9.494 (BRASIL, 1997), não será cabível a concessão da tutela de urgência visando à reclassificação ou equiparação de servidores públicos, concessão, aumento ou extensão de vantagens. Igualmente, veda o § 5º do artigo 7º da Lei nº 12.016 (BRASIL, 2009) o deferimento de tutela de urgência que tenha por objeto a compensação de créditos tributários, a entrega de mercadorias e bens provenientes do exterior, a reclassificação ou equiparação de servidores públicos e a concessão de aumento ou a extensão de vantagens ou pagamento de qualquer natureza.

Dessa forma, naturalmente, sendo defesa a concessão da tutela de urgência em tais hipóteses, não será possível a aplicação da técnica da estabilização nas demandas contra a Fazenda Pública.

Acrescenta Cardoso (2017, p. 162) que "também não será possível a concessão de tutela antecipada – nem, portanto, a estabilização – relacionada a obrigações de pagar quantia em dinheiro, em virtude do óbice estabelecido pelo art. 100 da Constituição Federal", em face da imposição do trânsito em julgado da sentença condenatória, o que não ocorre quando há estabilização, pois não há sentença, apenas decisão interlocutória.

Outro entrave à impossibilidade de incidência da regra de estabilização seria a ausência de remessa necessária para confirmação da decisão pelo tribunal *ad quem*, nos casos de obrigatória revisão, previstos taxativamente no artigo 496 do CPC (BRASIL, 2015).

Desse modo, "não se pode falar numa vedação absoluta e genérica à estabilização da tutela antecipada contra a Fazenda Pública. Há sim casos em que ela não será juridicamente possível, e há tantos outros em que haverá viabilidade jurídica da sua ocorrência" (CARDOSO, 2017, p. 163).

4.4. Ação de impugnação

Conforme já ressaltado alhures, atendidos os pressupostos e observados os limites à estabilização da tutela de urgência requerida em caráter antecedente, a decisão concessiva conservará seus efeitos até que seja revista, reformada ou invalidada.

Neste sentido, disciplinam os §§ 2º a 5º do artigo 304 do CPC (BRASIL, 2015) o instrumento adequado para possibilitar a "quebra" da estabilização gerada pela autonomização da tutela de urgência, possibilitando a modificação daquilo que foi decidido.

Cuida-se da ação autônoma de impugnação da estabilização da decisão monitória, objetivando sua revisão, reforma ou mesmo invalidação. Funda-se a referida ação tanto na irresignação da decisão proferida, buscando sua rediscussão, quanto na inconveniência na manutenção da estabilização da tutela sumária.

Salienta Theodoro Júnior (2015, p. 675):

> Essa dupla possibilidade, de continuidade da medida provisória ou aperfeiçoamento posterior do processo de mérito de cognição plena, afasta, como destaca a doutrina italiana, qualquer consideração de inconstitucionalidade da tutela provisória, que tivesse como base a violação da garantia de defesa ou do acesso à jurisdição.

A previsão da ação autônoma de impugnação, de certo modo, constitui mecanismo de relativização da preclusão gerada pela perda do prazo recursal que deu ensejo à extinção do processo e a estabilização da decisão da tutela de urgência. Por essa razão, produz certo conforto às partes a inação no prosseguimento do feito, justamente pela possibilidade de ulterior revisão do *quantum* decidido.

Se, em um primeiro momento, os elementos da demanda são examinados através de cognição lacônica, baseada na verossimilhança do direito alegado pela parte, através da ação autônoma de impugnação busca-se alargar o plano cognitivo quanto ao mérito da demanda, de modo a torná-la definitiva pela autoridade da coisa julgada material.

Imperioso destacar que a ação autônoma de impugnação possui o mesmo desiderato da ação continuada pelo aditamento da petição inicial de tutela de urgência antecedente, sendo apenas desenvolvida em outro processo e em período distinto, mas ambas objetivam debater amplamente o mérito da causa, através de cognição plena.

Neste sentido entende Theodoro Júnior (2015, p. 683), ao afirmar que "dessa demanda advirá, não uma nova regulação provisória do litígio, mas um julgamento definitivo de mérito, que substituirá a tutela provisória até então em vigor". E continua o autor:

A pretensão em tela será deduzida em juízo como nova ação, diretamente voltada para a composição definitiva do litígio, mediante cognição plena e exauriente, capaz de revestir-se da autoridade da coisa julgada material. Esse novo julgamento poderá rever, reformar ou invalidar a tutela primitiva, ou seja, poderá confirmá-la, modificá-la ou cassá-la.

Ajuizada a ação de impugnação, a petição inicial deverá ser distribuída ao juízo que concedeu a tutela provisória de urgência, em razão da prevenção marcada pela acessoriedade dos processos (competência funcional), podendo qualquer das partes requerer o desarquivamento dos autos em que foi concedida a medida, para instruir a petição inicial da ação autônoma de impugnação.

Naturalmente, em garantia da segurança jurídica, estabelece o § 5º, do artigo 304 do CPC (BRASIL, 2015) o prazo peremptório de 2 (dois) anos, contado da ciência da extinção do processo em que concedida a tutela de urgência estabilizada, para propositura da ação de impugnação, como forma de evitar a perpetuidade da possibilidade de rediscussão. Não sendo ajuizada a ação, a estabilização terá caráter definitivo.

Ressaltando a natureza decadencial do referido prazo, Theodoro Júnior (2015, p. 676) enfatiza a impossibilidade de suspensão ou interrupção do prazo extintivo, que adquirirá *status* semelhante, mas distinto, ao trânsito em julgado da decisão, uma vez que se tornará indiscutível.

Por outro lado, há quem entenda inconstitucional a fixação de um prazo para propositura de uma ação cujo objetivo seria a rediscussão de uma decisão fundada em cognição sumária, pois estar-se-ia impedindo o exercício do contraditório pleno, o que vai de encontro ao devido processo legal. Segundo esse posicionamento, mesmo após o decurso do prazo bienal do artigo 304, § 5º, do CPC continuaria "sendo possível o exaurimento da cognição até que os prazos previstos no direito material para a estabilização das situações jurídicas atuem sobre a esfera jurídica das partes, como o que ocorre, por exemplo, através da prescrição, da decadência e da *supressio*" (MACIEL JÚNIOR, 2013, p. 329 *apud* THEODORO JÚNIOR, 2015, p. 676).

Convém trazer à baila o entendimento de Didier Jr. (2015, p. 611), que entende ser possível o ajuizamento da ação autônoma não apenas pelo réu, mas também pelo autor da ação onde fora concedida a tutela satisfativa antecedente, objetivando sua ratificação, mediante cognição plena.

4.5. Estabilização e coisa julgada

Os institutos da coisa julgada e da estabilização dos efeitos da tutela provisória de urgência antecedente não se confundem.

Com efeito, prevê o § 6º do multicitado artigo 304 do Código de Processo Civil (BRASIL, 2015), que a decisão que concede a tutela de urgência de forma antecipada, nos termos do artigo 303 do mesmo *codex*, embora conserve seus efeitos até que outra decisão, proferida em ação específica, a afaste, reforme ou invalide, não possui a proteção do manto constitucional da coisa julgada.

Desse modo, não obstante a decisão da tutela sumária tenha o atributo da estabilidade, permitindo a produção de efeitos ainda que extinto sem resolução de mérito o processo na qual foi proferida, não se vislumbra a característica da imutabilidade própria da coisa julgada, senão depois de escoado o prazo decadencial de propositura da ação autônoma de impugnação.

Eis, portanto, a principal distinção entre o instituto em tela e a coisa julgada: enquanto a imutabilidade se refere à característica da decisão à qual se outorgou a autoridade da coisa julgada material, a estabilidade reporta-se à independência da decisão concessiva da tutela de urgência, que carece de posterior ratificação por decisão definitiva, produzindo efeitos ainda que extinto anomalamente o processo em que foi proferida.

Alguns autores, entretanto, entendem que, decorrido o prazo bienal de revisão da tutela de urgência, a estabilização converter-se-ia em coisa julgada. Nesse ínterim, Redondo (2016, p. 296) advoga a ocorrência da *res iudicata* material logo após o decurso do prazo decadencial de propositura da ação autônoma de impugnação a que alude o § 5º do artigo 304 do CPC. De forma mais radical, Souza (2014, p. 184) assevera que nem mesmo ação rescisória será cabível após o transcurso *in albis* do prazo de 2 (dois) anos para ajuizamento da ação de impugnação.

No entanto, a doutrina majoritária entende pela impossibilidade da ocorrência de coisa julgada após vencido o prazo decadencial, por se tratar de qualidade atribuída à decisão proferida em procedimento de cognição exauriente.

Ademais, a decisão que extingue o processo sem resolução de mérito, dando azo à estabilização da tutela sumária, tem natureza terminativa, ao passo que a coisa julgada material apenas ocorre com o trânsito em julgado de decisão de mérito.

Não por outra razão, defende Cardoso (2017, p. 163) que:

> De fato, é mais conveniente que não haja formação de coisa julgada quando se tratar de estabilização da tutela antecipada, pois, se assim não fosse, haveria um grande contraestímulo para que o réu deixe de recorrer da decisão que antecipa a tutela e, assim, permita a ocorrência da estabilização da tutela antecipada. Em verdade, reconhecer a existência de coisa julgada retiraria uma das maiores utilidades – se não a maior – que o réu pode encontrar no instituto aqui estudado, o que possivelmente acabaria por esvaziá-lo e relegá-lo ao absoluto desuso, frustrando a finalidade perseguida pelo legislador brasileiro.

Dessa maneira, não tendo havido cognição plena acerca da matéria deduzida em juízo, porquanto a decisão que concedeu a tutela de urgência de forma antecedente fundou-se apenas na probabilidade do direito, através de exame sumário, não há como se falar em coisa julgada, pela ausência de juízo pleno quanto à questão de fundo da demanda.

Por fim, ressalte-se que é possível que ocorra coisa julgada material sem que haja estabilização, como na hipótese de direitos indisponíveis, na qual, embora a inércia do réu impeça a incidência da estabilização da decisão de tutela de urgência, a sentença proferida com base em cognição plena e exauriente adquirirá a autoridade da *res iudicata*.

5. CONCLUSÕES

1) A estabilização dos efeitos da decisão concessiva da tutela de urgência foi concebida pelo atual Código de Processo Civil como forma de agilizar a entrega de uma prestação jurisdicional futura, mas também para satisfazer ambas as partes do processo, uma vez que tanto ao autor quanto ao réu aquela medida se mostra suficiente naquele momento em que fora concedida.

2) Se por um lado a tutela jurisdicional é perseguida em razão de sua necessidade, em função da vedação ao exercício arbitrário das próprias razões, como também o é por força da segurança jurídica advinda do poder de império estatal, sua entrega mediante longo trâmite processual pode se tornar frustrante e, em alguns casos, obsoleta, devido ao extenso lapso temporal para sua concessão.

3) Por isso a Constituição da República garante a todos os indivíduos, sejam pessoas naturais ou jurídicas, a inafastabilidade da jurisdição, mas mediante razoável duração do devido processo legal.

4) Não por outra razão a legislação processual, mantida pelo atual Código de Processo Civil de 2015, tornou possível a imediata satisfação da tutela jurisdicional perseguida, através do instituto da tutela provisória de urgência.

5) Por sua vez, em determinadas relações processuais, a satisfação prematura do bem da vida almejado pode tornar-se suficiente ao seu titular, bem como àquele de quem foi requerido, tornando despicienda a continuidade do processo.

6) O artigo 304 do CPC/2015, visando harmonizar os princípios constitucionais processuais abordados, e prestigiando o interesse privado das partes, possibilitou a estabilização da tutela de urgência requerida em caráter antecedente, quando tiver natureza satisfativa e for requerida por meio de procedimento proemial, ao invés de incidentalmente ao processo, uma vez que só a tutela antecipada antecedente tem aptidão para se estabilizar.

7) Vislumbra-se, outrossim, o interesse público da estabilização da tutela de urgência antecedente, uma vez que põe fim à lide, porquanto ambas as partes, ainda que

tacitamente, anuíram à extinção do feito com a manutenção da decisão antecipatória, bem como diminui o número de processos que abarrotam o Poder Judiciário, mediante procedimento sumário e pouco dispendioso.

8) A fim de possibilitar a incidência da norma que consolida os efeitos da tutela de urgência, é imperioso o requerimento expresso do autor pela utilização do procedimento especial e seu interesse na estabilização, em atenção ao princípio constitucional do contraditório, pois permitirá ao réu posicionar-se quanto à conveniência ou não no prolongamento da relação processual em busca da decisão final de mérito.

9) Constitui requisito *sine qua non* para o requerimento da tutela antecipada antecedente, nos moldes do artigo 303 do CPC, e sua eventual estabilização, a atualidade da situação de urgência afirmada. Ademais, imperiosa é a probabilidade do direito autoral, mediante a constatação da verossimilhança das alegações do demandante, naturalmente por se tratar de medida apreciada mediante cognição sumária do mérito processual.

10) Pressuposto inafastável à perenização da tutela de urgência antecedente é a aquiescência letárgica do réu, o que indica o caráter bilateral do instituto. Embora não caracterize reconhecimento tácito da procedência do direito, a inércia do réu integra o arcabouço fático da estabilização da tutela antecipada, demonstrando a inoportunidade do prosseguimento do feito.

11) Embora o dispositivo legal que disciplina a inércia do réu como fator primordial à estabilização da tutela de urgência preveja a inação do requerido na interposição de recurso quanto à decisão concessiva, a doutrina processualista, em entendimento sufragado pelo Superior Tribunal de Justiça, confere interpretação extensiva ao vocábulo recurso, para nele abranger, também, a defesa oferecida pelo réu, apontando como fato gerador não a ausência de recurso, mas a falta de irresignação do demandado.

12) Por outro lado, constatou-se que a nova técnica não poderá ser aplicada em qualquer relação processual, como nas hipóteses de nomeação de curador especial e nas demandas que veiculam direitos indisponíveis, bem como, nas demandas propostas contra a Fazenda Pública, quando houver vedação legal à concessão da tutela antecipada.

13) Infere-se, ainda, a inexistência de prejuízo às partes, principalmente ao réu que da decisão não se insurgiu, tendo em vista a possibilidade de ajuizamento de ação autônoma de impugnação, no prazo decadencial de 2 (dois) anos, objetivando a revisão, reforma, invalidação ou mesmo a confirmação da decisão sumária, desta feita mediante cognição exauriente e tendente a produzir coisa julgada material.

14) Após o estudo panorâmico da coisa julgada, em seus contornos constitucionais e legais, compreendendo seus fundamentos e natureza jurídica, além de suas espécies e limites, pôde-se concluir pela inexistência de identidade com o instituto da estabilização da tutela de urgência, uma vez que, enquanto aquela resulta da preclusão decorrente de processo no qual houve plena imersão no mérito da demanda, a perenização da tutela de antecipada antecedente é corolário da sumarização do processo, resultante da satisfação precoce do direito, fundada em cognição perfunctória, da qual ambas as partes foram concordes, e o Estado-juiz homologou a disposição de vontades.

15) Por fim, outra conclusão extraída do presente estudo, divergindo daqueles que entendem ter o instituto em análise os mesmos efeitos da coisa julgada, é que a imutabilidade da *res iudicata*, por expressa previsão legal, apenas incide quanto houver decisão de mérito, ao passo que o processo no qual fora concedida a tutela de urgência e ambas as partes optaram pela ultimação prematura do feito, extingue-se de forma terminativa.

6. REFERÊNCIAS

ANDRADE, Érico; NUNES, Dierle. **Os contornos da estabilização da tutela provisória de urgência antecipatória no novo CPC e o "mistério" da ausência de formação da coisa julgada**. Disponível em: <https://www.academia.edu/12103602/%C3%89rico_Andrade_e_Di erle_Nunes_Os_contornos_da_estabiliza%C3%A7%C3%A3o_da_tutela_provis%C3%B3ria_ de_urg%C3%AAncia_antecipat%C3%B3ria_no_novo_CPC_e_o_mist%C3%A9rio_da_aus% C3%AAncia_de_forma%C3%A7%C3%A3o_da_coisa_julgada> Acesso em: 01 mar. 2019.

BARROSO, Luís Roberto. **O controle de constitucionalidade no direito brasileiro**: exposição sistemática da doutrina e análise crítica da jurisprudência. 6.ed. rev. e atual. – São Paulo: Saraiva, 2012.

BRASIL (2015). Lei nº 13.105, de 16 de março de 2015. Código de Processo Civil. **Diário Oficial da União**. Poder Executivo, Brasília/DF, 17 mar 2015. Disponível em: <http://www.planalto.gov.br/ccivil_03/_Ato2015-2018/2015/Lei/L13105.htm>. Acesso em: 11 nov. 2018.

______. (1997). Lei nº 9.494, de 10 de setembro de 1997. Disciplina a aplicação da tutela antecipada contra a Fazenda Pública, altera a Lei nº 7.347, de 24 de julho de 1985, e dá outras providências. **Diário Oficial da União**. Poder Executivo, Brasília/DF, 24 dez 1997. Disponível em: < http://www.planalto.gov.br/ccivil_03/leis/L9494.htm>. Acesso em: 13 fev. 2019.

______. (2009). Lei nº 12.016, de 7 de agosto de 2009. Disciplina o mandado de segurança individual e coletivo e dá outras providências. **Diário Oficial da União**. Poder Executivo, Brasília/DF, 10 ago 2009. Disponível em: <http://www.planalto.gov.br/ccivil_03/_Ato2007-2010/2009/Lei/L12016.htm>. Acesso em: 13 fev. 2019.

______. (1988). Constituição da República Federativa do Brasil de 1988. **Diário Oficial da União**. Poder Executivo, Brasília/DF, 05 out. 1988. Disponível em: <http://www.planalto.gov.br/ccivil_03/Constituicao/Constituicao.htm>. Acesso em: 10 nov. 2018.

______. (2018). Superior Tribunal de Justiça. Recurso Especial nº 1.760.966/SP, Rel. Ministro Marco Aurélio Bellizze, Terceira Turma. **Diário de Justiça Eletrônico**. Poder Judiciário, Brasília/DF, 07 dez. 2018. Disponível em: <http://www.stj.jus.br/SCON/jurisprudencia/toc.jsp?livre=201801452716.REG.>. Acesso em: 29 jan. 2019.

BUENO, Cassio Scarpinella. **Manual de direito processual civil**. 2. ed. rev., atual. e ampl. – São Paulo: Saraiva, 2016.

CARDOSO, Luiz Eduardo Galvão Machado. **Estabilização da tutela antecipada**. Salvador, 2017. 176 f. Orientador: Fredie Didier Jr. Dissertação (Mestrado - Direito) – Universidade Federal da Bahia, Faculdade de Direito, 2017.

CARVALHO FILHO, José dos Santos. **Manual de direito administrativo**. 31. ed. rev., atual. e ampl. – São Paulo: Atlas, 2017.

DIDIER JR., Fredie. **Curso de direito processual civil: teoria da prova, direito probatório, ações probatórias, decisão, precedente, coisa julgada e antecipação dos efeitos da tutela** I Fredie Didier Jr., Paula Sarno Braga e Rafael Alexandria de Oliveira-10. ed.- Salvador: Ed. JusPodivm, 2015. v.2.

DONIZETTI, Elpídio. **Curso didático de direito processual civil**. 19. ed. revisada e completamente reformulada conforme o Novo CPC – Lei 13.105, de 16 de março de 2015 e atualizada de acordo com a Lei 13.256, de 04 de fevereiro de 2016. – São Paulo: Atlas, 2016.

ESCOLA NACIONAL DE FORMAÇÃO E APERFEIÇOAMENTO DE MAGISTRADO. Enunciado nº 11. Disponível em: < https://www.enfam.jus.br/wp-content/uploads/2015/09/ENUNCIADOS-VERS%C3%83O-DEFINITIVA-.pdf>. Acesso em: 19 fev. 2019.

GONÇALVES, Marcus Vinicius Rios. **Direito Processual Civil Esquematizado**. 6ª ed. São Paulo: Saraiva, 2016.

MARINONI, Luiz Guilherme. **O direito à tutela jurisdicional efetiva na perspectiva da teoria dos direitos fundamentais**. Jus Navigandi, Teresina/PI, 20 jul. 2004. Disponível em: <http://www.egov.ufsc.br/portal/sites/default/files/anexos/15441-15442-1-PB.pdf>. Acesso em: 09 nov 2018.

______.; ARENHART, Sergio Cruz; MITIDIERO, Daniel. **Novo curso de processo civil**: tutela dos direitos mediante procedimento comum. São Paulo: Editora Revista dos Tribunais, 2015. v. 3.

MITIDIERO, Daniel. **Tendências em matéria de tutela sumária: da tutela cautelar à técnica antecipatória**. Revista de Processo. São Paulo: RT, 2011, n. 197.

MOURÃO, Luiz Eduardo Ribeiro. **Ensaio sobre a coisa julgada civil** (sem abranger as ações coletivas). Dissertação de mestrado. São Paulo: Pontifícia Universidade Católica de São Paulo, 2006.

NERY JR., Nelson; NERY, Rosa Maria de Andrade. **Comentários ao Código de Processo Civil comentado**. 1. ed. São Paulo: RT, 2015.

NEVES, Daniel Amorim Assumpção. **Manual de direito processual civil – Volume único**. 9. Ed. Salvador: JusPodivm, 2017.

REDONDO, Bruno Garcia. **Estabilização, modificação e negociação da tutela de urgência antecipada antecedente: principais controvérsias**. In: DIDIER JR., Fredie; PEREIRA, Mateus; GOUVEIA, Roberto; COSTA, Eduardo José da Fonseca (coord.). Grandes temas do novo CPC, v. 6: tutela provisória. Salvador: JusPodivm, 2016

SILVA, Ovídio A. Baptista da. **Curso de Processo Civil. Processo de Conhecimento**. 5ª ed. São Paulo: RT, 2000, v. 1.

SOUZA, Artur César de. **Análise da tutela antecipada prevista no relatório final da Câmara dos Deputados em relação ao novo CPC**. Revista de Processo, vol. 235, ano 39. São Paulo: RT, setembro/2014.

TALAMINI, Eduardo. **Tutela de urgência no projeto de novo Código de Processo Civil: a estabilização da medida urgente e a "monitorização" do processo civil brasileiro**. Revista de Processo, vol. 209, ano 37. São Paulo: RT, julho/2012

THEODORO JÚNIOR, Humberto. **Curso de direito processual civil**: teoria geral do direito processual civil, processo de conhecimento e procedimento comum. 56. ed. Rio de Janeiro: Forense, 2015. v. 1.